AF357261

# PROCEZ VERBAL ET TESTATIONS D'VN SIGNALE MIRACLE FAIT EN L'ABbaye de Faremnoſtier, le troiſieſme Aouſt 1622, Auec la declaration de Monſeigneur l'Eueſque de meaux ſur iceluy.

*le commandemant de Monſeigneur l'Eueſque de Meaux.*

A PARIS,

Ioſeph Guerreau, ruë S. Iacques, à la petite Hotte, prés S. Vues.

M. DC. XXIII.

# PROCEZ VERBAL ET ATES-
rations d'vn signalé Miracle faiçt en
l'Abbaye de Faremonstier, le troisiesme
Aoust 1622. auec la declaration de Monseigneur l'Euesque de Meaux sur iceluy.

CE iourd'huy sixiesme iour du mois d'Aoust mil six cens vingt deux, sur l'aduis donné à Monseigneur le Reuerendissime Euesque de Meaux, tant de viue voix que par escrit qu'en l'a Abbaye de nostre Dame de Faremonstier, Ordre sainçt Benoist audit Diocese, qu'à la descente & ouuerture de la Chasse de saincte Fare fondatrice de ladiçte Abbaye, Dieu auoit operé quelques merueilles à l'attouchement des Reliques y encloses; Lediçt seigneur Euesque ne pouuät se träsporter en ladite Abbaye, pour quelques autres occupations, auroit donné mädemët à nous Iean Cheuallier Prestre, Bachelier en droit canõ Chancellier & Chanoine en l'Eglise cathedralle dudit Meaux, Vicaire ge-

neral & l'Official dudict sieur Euesque:
de nous trãsporter audit Faremonstier
pour en informer , &  dresser procez
verbal , pour  y estre foy adioustée a
l'aduenir, à ce qu'aucun n'en puisse a-
uoir occasion d'en doubter ? nous serions transportez audit lieu, assistez de
maistre Abraham de Laistre  Prestre
Promoteur de l'Officialité de Meaux,
& enuiron les quatres à cinq heures du
soir à l'issuë des Vespres conuentuelles,
chantez  par  les Religieuses, serions
monté à la grande Grille du chœur d'i-
celle Abbaye , ou se seroit presentée
madame Françoise de la Chastre Abbesse dudict lieu, assistee de ses Religieuses & couuent, dont les noms ensui-
uent. Asçauoir Sœur Lovse  de la
Chetardie grande Prieure, Bonne Se-
guinard, Iacqueline de Menou, An-
thoinette  Hebrard , Loyse André,
Aymee de Verdelot, Françoise Thierry, Barbe de Maniquet, Ieanne de Tu-
dert, Anne de la Place, Marie Che-
ual'ier, Claude Alleaume, Estiennet-
te Nauarrot, Loyse de Matesïon, Margueritte du Tillet , Paulle Fauiere,
Margueritte de la Mesesniere Charlot-

te du Drac, Marie Oliuier, Marie de
Menou, Catherine de Fortboit, Marie
Guerré, Barbe Lescot, Angelicque de
Vieure, Marie de Longueil, Margueritte Volant, Agardresme de Coque-
berne, Marie Griffon : Religieuses
professes, Sœur Françoises de Balfac,
Charlotte d'Estempes , Elizabeth Bo-
uin, Margueritte Puget, Loyse Cheuallier, Nouices, Sœurs Marie le Be-
gue, Fare Mallet, Ieanne Grisar Catherine Gallet, Susanne de Piquigny,
Françoise Galmet, *Bastienne Henry*,
Marie Bosse, Michelle Moreau, Margueritte de Sully *Sœurs Layes* Elizabeth Oliuier, Anne de Chemé Elizabeth Boyer, Marie Noel, Margueritte Laurent, Ardianne Maillard secu-
lieres. Lesquels adiurees, de dire verité sur ce que les aurions anquises,
nous auroient dict & deposé par l'or-
gane de ladicte Dame Abbesse, que le
iour de l'Inuention des Reliques sain &
Estienne, troisiesme iour du present
mois d'Aoust, enuiron vne heure apres
midy, sur la crainte que ladicte Dame,
Abbesse auoit de l'armees des Reistres,
conduicte par le Compte de Mansfeld,

Elle auoit pris refolution de defcen-
dre la Chaffe fain´te Fare , couuerte
d'vne lame d'argent , pour l'enuoyer
auec fes plus precieux meubles de la
maifon en lieu de feureté, en la ville de
Paris ? & faict faire ouuerture d'icelle,
Par maiftre Michel Loupuet Preftre,
Confeffeur ordinaire des Religieufes,
& Touffaints Mangin auffi Preftre, faifant la charge deffous Diacre en ladi-
&te Eglife, lefquels auroient tiré & mis
hors d'icelle chaffe les Reliques y en-
clofes, & prefenté a baifer , & venerer
aufdi&tes Dames Abeffes & Religieufes, pour fe recommander & toute la
maifon aux prieres de ladi&te fain&te
Fare, auparauant que de tranfporter
ladi&te chaffe , & particulierement
fœur Charlotte le Bret Religieufe
profeffe dudit lieu, aagée de vingt fept
ans, laquelle ayant perdu l'œil gauche,
dés l'aage de fept ans & puis en l'annee
mil fix cens dix fept, feroit demeuree
entierement Aueugle par accident
d'vn grand cathare, auroit efté amenee
deuant ladi&te Chaffe & Reliques
pour les venerer, & pour en recepuoir
quelque allegement, en l'aueuglement

quiluy estoit , arriué nonobstant tous
les remedes que ses parans&amys y auroient fait faire, estant sortie à cest effet
par deux fois , pour aller en la ville  de
Paris consulter les plus excellents &
experts Medecins du Roy , & autres, &
pratiquer leurs ordonnances entre autres messieurs du Laurent , Duret,
Mayerne du Ronchet , Seguin , Gran-
ger , Tournel, Bouchonniere, tous de-
meurās à Paris , & Mayerne à preset en
Angleterre,&autresMedecins du païs,
comme messieurs Linocier  , Brayer,
& Fourré , tous lesquels au rap-
port de ladicte le Bret l'ont asseuree &
resoluë qu'elle auoit les yeux morts ,
& la veuë perduë & esteinte , icelle
le Bret se confiant en la grace de Dieu,
& aux merites de ladicte saincte , à laquelle elle a tousiours eu particuliere
deuotion , se seroit faict appliquer &
apposer deux offemens dudict Reli-
quaire sur les deux yeux , par ledit maistre Toussaints Māgin, ou ils reposerent
quelques temps, & au mesme instāt elle
y eut de grandes& extremes douleurs,
encores que depuis quatre ans qu'elle
auoit perdu la veuë entierement elle

ny euſt ſenty aucune douleurs; & auſſi-
toſt que leſdits oſſements furent oſtez
de deſſus ſes yeux, qui diſtilloient be-
aucoup d'humeur, elle s'eſcria à cauſe de la douleur qu'elle y enduroit: Et
à l'inſtant leſdicts oſſements luy furent
remis ſur ſes yeux, pour la deux & roi-
ſiéme fois, & iceux oſtez, s'eſcria en ces
mots: *Ie voy, ie voy*, & ſur celuy fut pre-
ſenté vn cierge allumé, & interrogee
ce que c'eſtoit, elle dit que c'eſtoit vne
chandelle allumee, & tout auſſi-toſt
elle commença a voir, & diſcerner
les choſes & les perſonnes preſentes, en
ſorte qu'à l'heure meſme apres auoir
rendu action de grace, elle l'eut les eſcriteaux de deſſus les Reliquaires, a-
uant que ladicte Chaſſe fut refermee.
Et à continué depuis à veoir, comme
il nous eſt preſentement apparu à l'in-
ſpection de ſa perſonne & de ſes yeux,
que nous auons recogneu beaux &
clairs, & tels que ſi elle ny auoit ia-
mais eu aucun mal. Outre nous ont at-
teſté qu'vn autre Religieuſe, nommée
ſœur Claude Alleaume, qui auoit perdu la voix & ne pouuant chanter, il y
auoit dix-huict mois, à cauſe d'vn grãd

catharre

catarre ou rhume, ayant beu de l'eau
meſlangee auec des cendres, terre, ou
pouſſiere, qui s'eſt trouuee dans ladicte Chaſſe en vn petit ſachet, à l'inſtāt
elle commança a chanter, & faire office a l'heure meſme au Te deum, qui fut
chanté en action de graces, ainſi que
ladite Alleaume a affermé en ſon par-
ticulier, & generallement de toute la
compagnie: D'auantage que ladicte
ſœur Charlotte du Fortbois, aagée de
vingt-trois ans, Paralatique du bras
gauche de puis trois ans, à l'applicatiō
deſdictes Reliques ſur ſon bras, elle re-
ceut guariſon à l'inſtant, ayant recogneu que ſondict bras eſt auſſi fort &
r'affermy que l'autre. Que ladite ſœur
Frāçoiſe Thierry ayāt vn catarre froid,
qui luy tomboit ſur les bras & mains,
en ſorte qu'elle ne pouuoit s'en ay-
der il y a dix ans, ou enuiron, à l'apli-
quation & attouchement deſdires
ſainctes Reliques, elle s'eſt trouuee
grandement allegee en ſes bras &
mains: finallement que quelques autres Religieuſes ont receu du ſoulage-
ments de leurs infirmitez, & incom-
moditez par l'attouchement deſdictes

fainctes Reliques. Tout ce que deſſus,
leſdictes Dames Abbeſſes & Religieuſes ont iuré & affermé eſtre veritablé,
apres lecture à elle faicte, ont ſigné en
la minure ſœur Françoiſe de la Chartre
Abeſſe, ſœur Deniſe de la Chetardie,
S. I. Demenou, S. de Hebrard. S. B.
Seguinart, & conſecutiuement toutes
les ſuſnommees Sœur Charlotte le
Bret, religieuſe profeſſe de l'Abbaye
de Faremonſtier, fille de noble homme Iacquele Bret Treſorier de France, & de Dame Charlotte de la Chaize,
aagee de vingt ſept ans, laquelle apres
ferment par elle faict, & de nous enqui-
ſe ſur ce qui s'eſt paſſé en ſon endroit à
la deſcente de la Chaſſe ſaincte Fare : a
dit que dés l'aage de ſept ans elle a perdu l'œil ſenextre, & depuis treize ans
qu'elle eſt en ceſte maiſon, elle a eſté
grandement trauaillee de l'autre œil, à
cauſe d'vn grand catarre qui luy tomboit ſur les veuë, s'eſtant fait penſer &
medicamenter dans ledict Monaſtere :
mais voyant que leſdits medicaments
ne luy profitoient de rien, elle fut en-
uoyee par Obediance à Paris par deux
diuerſes fois, à fin de pouuoir plus com

modément eftre fecourouë par les me-
decins les plus experimentez cy-deuant nommez, fans que par l'application
tion de leurs remedes ils luy ayent
peu bailler aucun foulagement, l'ayant
affeuree finallement qu'elle auoit perdu la veuë, & qu'elle auoit les yeux
morts, fans efperance de la pouuoir
recouurer par medicaments. Et de
faict il y a quatre ans & demy qu'elle eft
demeuree aueugle, les paupieres de fes
yeux fermees, & clofes côtinuellemêt,
fans voir aucune clarté, & fans fentir
aucun mouuement ny douleur en fef-
dits yeux, iufques au iour & Fefte de
l'inuention des Reliques S. Eftienne,
trofiefme iour du prefent mois d'A-
ouft, lors que l'on defcendit la Chaffe
fainéte Fare, on l'enuoya querir par
deux de fes fœurs Religieufes ne pouuant aller feule pour fon infirmité: ainfi
que l'on ouuroit ladite Chaffe au
Chœur des filles, à fin de la venerer
comme les autres: Ou eftant elle auoit prié maiftre Touffainéts Mangin
Preftre cy deuant nommé, de luy po-
er les offements de ladiéte fainéte Fa-
e fur les deux yeux, ce qu'il auroit fait,

& au premier attouchement d'iceux
elle y sentit de grandes douleurs, encor
qu'elle ny en eut enduré aucunes depuis le temps qu'elle auoit perdu la
veuë? & iceux ossements y ayant de-
meurés posez quelque peu de temps,
& estant ostez elle auroit apperçeu
comme quelque rayon de lumiere qui
luy esclatta dans les yeux, lesquels s'ou-
urirent & les paupieres, continuant à
s'éclorre & ouurir librement. Ce qui
luy donna subiect de prier ledict Mangin de les luy appliquer pour la seconde fois? & estant derechef ostez, à l'in-
stant elle ne veit point, sentit vn grand
troublement & renuersement en la
veuë, qui dura fort peu de temps. & peu
d'espace apres elle veid du tout la lumiere, & des ombres, ce qui luy donna quelque peur & frayeur, ne poüuāt
bien discerner que c'estoit, & pour
la troisiesme fois elle pria que l'on les
luy appliquast, & prit les mains dudict Mangin à cest effect entr'ouurant
ses paupieres à fin de faire toucher les
Reliques sur la prunelle de ses yeux,
apres y auoir reposé quelque peu, &
estant ostees, elle commença à veoir

vne chandelle allumee & les perſonnes
ſans les pouuoir cognoiſtre ny diſcerner iuſques à enuiron vne demie
heure apres, qu'elle ferma exprez ſon
œil droit, pour cognoiſtre ſi elle pour-
roit veoir de l'œil gauche qu'elle auoit
perdu dez l'aage de ſept ans, auec lequel elle leut vn eſcriteau qui eſtoit
ſur vne Relique, & ainſi ſa veuë s'eſt
tellement eſclarcie, que des le iour
meſme elle eſcriuit à Monſeigneur de
Meaux à ſes pere & mere, & à nous,
le benefice qu'elle auoit receu de la
part de Dieu, ayant continué à veoir,
comme il nous eſt apparu par l'inſpe-
ction de ſes yeux, qui ſont beaux &
clairs. Ce quelle a affermé eſtre verita-
ble, & a ſigné en la minute Sœur
Charlotte le Bret indigne de tant de
graces.

Maiſtre Michel Loupuet Preſtre du
Dioceſe du Mans, Confeſſeur ordinaire des Religieuſes de l'Abbaye de
Faremontier, aagé de 60. ans ou enuiron, lequel apres ſerment de luy fait
& de nous enquis, a dict qu'il y a deux
ans quatre mois ce iourd'huy, qu'il eſt
demeurant en ladite Abbaye, & qu'il

fait l'exercice de Confeſſeur ? pendant lequel temps il a veu & cogneu Sœur Charlotte le Bret, Religieuſe Profeſſe en ladite Abbaye, & aueugle du tout, ayaɴt les paupieres des yeux actuelle-memt fermees, iuſques au iour de l'Inuẽtiondes Reliques S. Eſtienne Patron de ce Diocefe, troiſieſme iour du preſent mois d'Aouſt, auquel iour la Chaſſe ſaincte Fare qui auoit eſté deſcendüe le iour precedant fut ouuerte, afin de faire voir les Reliques aux Religieuſes & les venerer, auparanant que de tranſporter ladite Chaſſe en la ville de Paris, ſoubs la crainte que l'on auoit que le Comte Mansfeld ne vint piller & rauager ce pays, & profaner les ſaintes Reliques. Le Conuent eſtant arriué pour faire ladite veneration, on enuoya querir laditele Bret qui eſtoit malade en l'Infirmerie, par deux Religieuſes, ſoubs eſperance qu'elle receuroit quelque ſoulagement de Dieu, par les prieres de ſaincte Fare, Où eſtãt luy fut appliqué & mis ſur les deux yeux, par Maiſtre Touſſaincts Mangin Preſtre & Soubſdiacre en ladite Abbaye, deux petits os deſdites Reli-

ques par trois diuerses fois, à la premiere ou seconde position elle s'escria : ie
voy quelque chose ? ayant les paupieres ouuertes dés la premiere fois , & à
la troisiesme elle dit qu'elle voyoit , &
luy ayant esté presenté par ledit Mangin vn chandellier auec vne chandelle
allumee, recogneut bien que c'estoit
vne chandelle allumee, mais ne pouuoit encores discerner les personnes, &
enuiron vne demie heure apres qu'elle
se fut reposee dans vne des chaires du
Chœur, & rendu action de graces à
Dieu, elle commença à voir & discerner clairement , iusques à lire l'escri-
teau d'vne Relique qui luy fut presenté
& que depuis ce temps elle voit clairement, & que l'on luy a fait voir de son
escriture. Qui est ce qu'il a dit , & lecture faite, a affermé sa deposition contenir verité, & a signé en la minutte.

M. Loupuet.

Maistre Anthoine Fourré Docteur
en Medecine de la Faculté de Mont-
pellier , demeurant à Coulommiers,
aagé de trente cinq ans ou enuiron, lequel apres serment par luy faict , & de
nous interrogé : a dict qu'il y a sept   à

huict ans qu'il eſt Medecin ordinaire
de l'Abba, e de Faremonſtier, pendant
lequel temps il a cogneu ſœur Charlotte le Bret, Religieuſe dudit lieu, laquelle il a veu du commencemēr auoir
l'œil gauche fort debile, & auoir vn
grand mal à l'œil dextre à cauſe d'vne
grande fluxiõ qui luy tomboit ſur la
veuë, pour la guariſon de laquelle il
auroit vſé de tous les remedes neceſ-
ſaires qu'il auroit peu excogiter en la
ſcience de Medecine, leſquels ne luy
auroit rien profité. Ce que voyant il
en auroit donné aduis à Monſieur le
Bret ſon pere , qui l'auroit fait aller à
Paris, & fait veoir par les plus experimentez Medecins & Chirurgiens qu'il
auroit trouué, leſquels l'auroient pen-
ſee & medicamentee ſans y auoir rien
profité non plus que luy, au contraire
elle auroit perdu la veuë du tout , &
auroit eſté ramenée audit Faremonſtier les paupieres fermees, il y peut
auoir quatre ou cinq ans , depuis lequel temps ladite Religieuſe ne ſentoit
plus de douleur en ſes yeux comme
elle faiſoit auparauant qu'ils fuſſent
fermez, & croit à ce qu'il en a veu que ſa
veuë

veuë estoit esteinte & morte, & qu'il
n'ayant aucune apparence qu'elle euſt
peu veoir clair par les remedes hu-
mains. Sçait toutesfois qu'à preſent elle voit bien clair & a les yeux beaux &
clairs, ayant appris que ſa gueriſon eſt
arriuee par l'application des Reliques
de Madame ſaincte Fare ſur ſes yeux,
le iour S. Eſtienne dernier, comme de
faict il iuge en ſa conſcience que ceſte
guariſon a eſté faite par miracle, d'au-
tan- qu'elle a eſté crair-voyante en vn
inſtant, qui eſt tout ce qu'il a dit en ſça-
uoir, apres lecture faicte de ſa depoſition, a affermé icelle contenir verité,
& a ſigné en la minutte. Fourré.

Maiſtre Touſſaincts Maugin Preſtre
du Dioceſe de Meaux, demeurant en
l'Abbaye de Faremonſtier, aagé de 41.
an ou enuiron, lequel apres ſerment
par luy faict, & de nous enquiſt : A dit
qu'il cognoiſt ſœur Charlotte le Bret,
Religieuſe depuis qu'elle eſt audit Faremonſtier, ayāt touſiours eu mal aux
yeux, & qu'il y a quatre à cinq ās ou en
uiron qu'elle eſt demeuree aueugle du
tout ayant les paupieres fermees, iuſques au troiſieſme iour de ce preſent

mois d'Aouſt, iour de l'Inuention des Reliques S. Eſtienne, auquel iour le depoſant auec maiſtre Michel Loupuet auroient eſté mandez par la Dame Abbeſſe , pour faire ouuerture de la Chaſſe ſainĉte Fare premiere Abbeſſe & fondatrice de ladite maiſon, auparauant que de l'enuoyer à Paris en lieu de ſeureté, ſur la crainte qu'ils auoient du Comte de Mansfeld, & autres gens de guerre heretiques, que l'on diſoit vouloir entrer en France. Sur le deſſein que l'on auoit de l'enuoyer à Paris & de fait ladite Chaſſe auroit eſté ouuerte par le depoſant, en preſence de ladite Dame Abbeſſe & ſon Conuent, ou auroient eſté trouuez pluſieurs oſſements du corps de ladite ſainĉte Fare, leſquels eſtans tirez de la Chaſſe & poſez ſur vne table par le depoſant & ledit Loupuet, ils auroient fait baiſer à toutes les Religieuſes l'vne apres l'autre, entre leſquelles fut amenee ladite Sœur le Bret, à laquelle le depoſant fit baiſer vn oſſement de ladite ſainĉte Fare & toucher aux yeux, laquelle le Bret luy retint la main pour laiſſer ledit oſſement ſur l'vn de ſes yeux, le priant de

prendre encore vn autre offemēt pour
luy appliquer fur l'autre, ce qu'il fit, &
les laiffa pofez enuiron l'efpace d'vn
*Miferere* pour la premiere fois, laquelle fe retira d'elle mefme &  ouurit les
yeux, difant à haute voix, *ie voy*, *ie voy*
*quelque chofe*,  au grand eftonnement
de toute la compagnie : laditte le Bret
auec ladite Dame Abbeffe, prierent le
depofant de les luy appliquer pour la
feconde fois ce qu'il fit comme au pre-
cedent,  & les laiffa l'efpace de deux
*Miferere* ou enuiron, puis elle fe retira,
difant que les yeux luy faifoient grand
mal, & s'efcria pour la feconde fois, *ie*
*voy*, *ie voy*, lors luy fut par le depofant
demandé fi elle le vouioit bien, elle refpondit qu'ouy,  mais qu'elle ne le co-
gnoiffoit pas, & luy monftrent vn cierge allumé & demandant que c'eftoit,
elle refpondit que  c'eftoit vne chandelle allumée, à l'heure mefme ladite
Dame Abbeffe  luy commanda de fe
mettre à genoux & remercier Dieu, ce
qu'ayant fait elle auroit prié le depofant luy appliquer lefdits offements
pour la troifiefme fois, ce qu'ils fit, laquelle le Bret les fit toucher à la pru-

nelle de ſes yeux, où ils demeurerent
par l'eſpace de deux *Miſerere*, ou enuiron , & durant ces eſpaces elle ſe plai-
gnoit que ſes yeux luy faiſoient mal &
preſſoit leſdits oſſements contre iceux
toutes les trois fois, eſtant retirez pour
la troiſiefme fois, s'eſcria ie voy, ayant
les yeux ouuerts, à laquelle on preſenta vn liure & elle leut dedans , & quelque peu apres on luy preſenta quelques eſcriteaux deſdites Reliques à lire
ce qu'elle fit facilement, & commença
à cognoiſtre les Religieuſes qu'elle
auoit veu auparauāt ſon aueuglement,
dict en outre que le ſoir dudit iour enuiron les huict à neuf heures le depo-
ſantveit ladite le Bret qui auoit les yeux
beaux & clairs, & luy monſtra de l'eſ-
criture qu'elle venoit d'eſcrire. Comme auſſi nous a dit auoir appris de pul-
ſieurs Religieuſes qu'elles ont receu pluſieurs allegements & guariſons,
apres auoir baiſé & touché leſdites Reliques. Qui eſt tout ce qu'il a dict ſça-
uoir, affermant ſa preſente depoſition
contenir verité apres lecture faire, & à
ſigné. Mangin.
Pierre Alexandre, fils de Theophile

Alexandre, faifant office de Clerc en
l'Abbaye de Faremonftier, aagé de 20.
ans, lequel apres ferment par luy faict
a dit auoir efté prefent le iour S. Eftienne dernier, lorsque l'on faifoit veoir les
Reliques faincte Fare aux Religieufes
de Faremonftier, maiftre Touffaincts
Mangin Preftre faifoit toucher des offemens & Reliques de faincte Fare aux
yeux de fœur Charlotte le Bret Religieufe dudit lieu qui eftoit aueugle dés
il yalong temps, lefquels auffi toft qu'-
ils furent oftez de deffus fes yeux, elle
s'efcria en fes mots, *ie voy*, *ie voy*, & depuis ce temps elle a continué à veoir
clair, & a les yeux beaux. Qui eft ce
qu'il a dict fçauoir, & lecture à luy faite
de fa defpofition, a affermé icelle contenir verité & a figné. Alexandre.

Et le Dimanche feptiefme iourdudit
mois d'Aouft, nous aurions recogneu
que le bruict & la renommée de cefte
guarifon auoit rellement preualu qu'-
elle auroit incité plufieurs perfonnes
& en grand nombre de l'vn & l'autre
fexe des lieux circonuoifins, de fe tranfporter audict Faremonftier pour en
eftre plus certains, & en rendre gra es

à Dieu & à ladicte saincte Fare, s'estant
trouué audict lieu iusques au nombre
de sept Processionsdes villages les plus
proches. Comme aussi que ladite Dame Abbesse auroit enuoyé aduertir les
Chanoines & Chapitre de Châpeaux,
Diocese de Paris de ladite merueil-
le, afin de deputer quelques vns d'entr'eux ( comme estant ladite Saincte
Fare leur Fondatrice ( pour se transf-
porter audit Faremonstier, & rendre
les mesmes actions de graces, lesquels
auroient deputé Maistres Pierre le
Brun Pruost & Chanoine, & Nicolas
Iourrazier, aussi Chanoine & Procu-
reur dudit Chapitre, qui s'y sont transf-
portez ledit iour sixiesme d'Aoust, &
esté presents à la confection de nostre
procez verbal, recogneu auec nous la
veritéde la guarison extraordinaire de
ladite le Bret, par la voix commune
desdites Dame Abbesse, & Religieuses & autres personnes, & à c'est effect
auroient celebré la Messe ledit iour
de Dimanche, & porté procession-
nellement la Chasse de ladite Saincte
Fare, du Chœur des Religieuses iusf-
quesdeuant le grand Autel Et enuiron

les quatres heures de releuee à l'iſſuë
des Veſpres continuelles , la Predi-
cation ayant eſté faicte par le Pere
Durand , Gardien du Conuent des
Cordeliers de Soiſſons , la Proceſſion
generalle auroit eſté faicte au Bourg
dudit Faremonſtier , & ladite Chaſſe
portee par leſdits Iourrazier & le Brun
auec pluſieurs autres Reliquaires de
ladite Abbaye , portez par les autres
Eccleſiaſtiques, où auroient auſſi aſſiſté leſdits Proceſſions , & particulierement les Curé & Chanoines dudit Faremonſtier, qui pareillement auroient
aſſiſté à toutes leſdites actions de graces , & recogneu la verité de tout ce
que deſſus , dont & dequoy nous en
auons faict & dreſſé le preſent procez
verbal, redigé par eſcrit par ledit Promoteur les an & iour que deſſus. Signé
en la minute, de Launey, le Brun, Iourrazier , Thierry , Fleuriot , Laurent,
De laiſtre, & Cheualier.


*Enſuyuent les Atteſtations & Certificats
de quelques Medecins , Apoticaires & Chirurgiens qui ont penſé ladite le Bret,*

NOous soubs signez Docteurs Regents en la Faculté de Medecine, en l'Vniuersité de Paris, Conseillers & Medecins du Roy, certifions qu'en l'année mil six cens dix huict, és mois de Feurier & Mars, nous fusmes appellez au logis de Noble homme Maistre Iacques le Bret, Conseiller du Roy Thresorier general de France à Paris, rue & proche les enfans rouges, pour y veoir Sœur Charlotte le Bret sa fille, Religieuse à Faremonstier, se plaignant de grandes douleurs de teste & des yeux, lesquels elle ne pouuoit ouurir d'elle mesme, mais comme nous les eusmes ouuerts en leuant les paupieres auec nos doigts, nous apperceusmes la confusion des humeurs telle que nous iugeasmes impossible aux hommes de luy faire recouurer la veüe qu'elle auoit perdue depuis deux ou trois mois, & quand à la douleur de la teste & des yeux, qu'elle ne cesseroit point que la lumiere des yeux ne fut du tout esteinte. Faict à Paris pour certificat, ce dix-huictiesme Aoust 1622. Signé, Duret, & Seguin.

NOus foubsfignez Anthoine Olim, Maiftre Apoticaire, Efpicier à Paris, & Lucas Crochart, Maiftre Chirurgien à Paris, certifions à tous qu'il appartiendra, que nous auons efté appellez auec Mefficurs Duret, & Seguin, pour veoir & penfer fœur Charlotte le Bret Religieufe à Fare-monftier, laquelle auoit des douleurs de tefte grandes & infuportables, auec fluxion fur les yeux, de façon qu'elle ne pouuoit fe conduire, ayant confu-fion aux humeurs de tous les deux yeux, de façon que nous iugeafmes la veuë perduë, ce que certifions eftre vray tefmoings nos feings cy mis, les iours & an que deffus. Signé, Cro-chart, & Olim.

EGo fub figna tus Medicus Illuftrif-fimæ & Potentiffimæ principis D.D. de Bourbon, profiteor Caro-lam le Bret, Monialem Deo facram ab hinc duodecim aut tredecim annis in oculorum grauiffimum affectum incidiffe, cum iamdiu à cunabulis in-firmum & debilem vifum habuerit, & hinc fymptomati propenfa fuerit, &

D

procliuis, ita vt etiam à multis iudica-
ta sit breui cæcam futuram , Ego qui-
dem pro officio idem fermé iudicium
præbui & existimaui non paulo post in
hallucinationem imò in veram ἀμαύ-
ρωσιν deuenturum remedijs poten-
tissimis in eius morbi curationē vsum
est , vt quod imminebat periculum
longius excursaret , Medici percele-
bres in hanc rem vocati de sanitate
desperarunt, ita vt nullus locus , nulla
spes visus affulgeret, & ira viribus naturæ relicta est , scilicet an aliquid mo-
liretur in posterum sed vndique spes
sublapsa refertur , tandem neque vir-
tute naturæ , neque salutaribus remedijs aliquid inde profecimus at in peius
incidit & cæca omnino euasit , Postre-
mò per Dei misericordiam quinque
annis à cæcitate perfecta, vel ab humo-
ribus προχωρήστοι vel aliene materie à
cerebro decidentis obstructione , vel
membranarum caligine, vel nerui op-
tici compressione quæ spirituum im-
pediebat aditum vel aliis multis causis,
inde ventum est vt contactu sancta-
rum reliquiarum Diuæ Pharæ , & os-
a.... ... ..... sanctæ deosculatu vi-

sum recuperarit, & huiusmodi vt non
solum corpora crassiora videdt, sed &
minutissima quæque, imo & legat &
scribat, & reliqua omnia naturæ oculorum munia perficiat. Quod sanè mi-
raculo apponi debet cum à priuatio-
ne denuo habitus naturæ, etiam summa-
ma contentione comparari non pos-
sit. In cuius miraculi fidem testimo-
nium hic meo chyrographo repono.
Datum decimo quarto Cal. Septem-
bris, millesimo sexcentesimo vigesi-
mo secundo. Abbetissa dignissima &
piissima rectrice Cœnobii D.D. de la
Chastre. Signatum, Linocier Medicus.

Signé, Cheualier. Delaistre.

NOvs Iean de Vieupons , par la
permiffion diuine Euefque de
Meaux, à tous prefent & aduenir : fa-
lut en noftre Seigneur   Apres auoir
exactement veu , leu & confideré le
procez verbal de noftre Vicaire general, faict de noftre Ordonnance cy - deffus tranfcrit en forme vallable & au-
thentique, auec les certificats des Medecins , Chirurgien & Apoticaire, qui
ont penfé & medicamenté ladite fœur
Charlotte le Bret d'vn mal d'yeux , qui
en fin luy auoit fait perdre la veue &
l'auoit reduite à vne entire cæcité  &
aueuglement , qui luy auroit continué
plus de quatre ans & demy , & iufques
à ce qu'ellé en auroit efté entierement
& parfaictement guarie & deliuree par
l'attouchement des Reliques de la
bien-heureufe faincte Fare, fondatrice
& premiere Abbeffe dudit Monaftere
le iour de l'Inuention des Reliques d
S. Eftienne, troifiefme iour d'Aou
dernier, en la maniere portee par fedi
procez verbal. Auons de noftre au
thorité Epifcopale declaré & decla

rons que ladicte guerison d'aueuglement & cæcité en ladicte le Bret, est
œuure de Dieu vrayemēt miraculeux,
pour memoire duquel nous ordon-
nons que la Dame Abbesse en fera gra-
uer l'Histoire à l'abregé dans vne lame
de cuiure, qui sera attachee contre la
muraille de l'Eglise, en lieu d'où elle
puisse estre veuë & leuë d'vn chacun,
Et que le iour de saincte Fare septies-
me de Decēbre, sera desormais solem-
nisé par tous les Ecclesiastiques de
nostre Diocese d'Office double, En
tesmoin dequoy nous auons signé ce-
ste nostre declaration, de nostre seing
manuel, & fait contresigner par nostre
Secretaire, & y opposer le seel de nos
armes. Faict ce 9. Decembre 1622.

I. DE VIEVPONS, E. de Meaux